爱创新

走进博物馆

我们的创新拓展日

百年校园

方向红　郑志英　主编

同濟大學出版社
TONGJI UNIVERSITY PRESS

图书在版编目（CIP）数据

百年校园 / 方向红，郑志英主编. -- 上海 ：同济大学出版社，2017.1
（我们的创新拓展日 ：走进博物馆）
ISBN 978-7-5608-6541-6

Ⅰ. ①百… Ⅱ. ①方… ②郑… Ⅲ. ①高等学校－校史－上海－青少年读物 Ⅳ. ①G649.285.1-49

中国版本图书馆CIP数据核字(2016)第230529号

我们的创新拓展日——走进博物馆·百年校园

策　　划　姚建中　朱爱民
主　　编　方向红　郑志英
责任编辑　那泽民
责任校对　张德胜
装帧设计　上海呼啦啦教育科技有限公司
出版发行　同济大学出版社
（上海四平路1239号　邮编：200092　电话：021-65985622）
网　　址　www.tongjipress.com.cn
经　　销　全国各地新华书店
印　　刷　上海丽佳制版印刷有限公司
开　　本　787mm×1092mm　1/16
印　　张　7
字　　数　175000
版　　次　2017年1月第1版
印　　次　2017年1月第1次
书　　号　ISBN 978-7-5608-6541-6
定　　价　28.00元

京师大学堂创建于哪一年?

我国最“老”的毕业文凭珍藏在哪个校史馆?

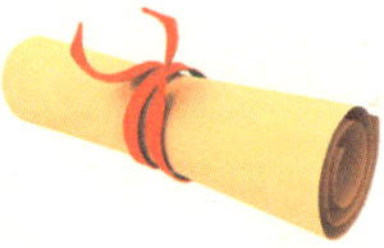

华东师范大学的校训是什么?

同济大学大礼堂里没有柱子,为什么不会塌?

目录

同济大学樱花节

春天，万物复苏，草长莺飞，不禁让人想到同济大学一年一度的樱花节。

同济大学校园内的“樱花大道”，近该校赤峰路校门。这条通往同济南校区的主干道两旁，栽有200多株樱花树。樱花开放时，远远就能看到一大片粉色的“云团”，衬得同济大学的校园特别浪漫。网球场北侧有晚樱，花期比樱花大道上的要稍晚一些。

在这里你既可以体验到浓厚的文化底蕴，又可以观赏到美妙的盎然春意。

小贴士

地　　址：上海市杨浦区四平路1239号同济大学校园内

交　　通：地铁10号线；公交61、115、843路等

开放时间：全年开放，每年3月底4月初为赏樱最佳时期

赏樱花

3 月里，樱花悄然开放，各色樱花如精灵般飞舞飘散，绽放光芒。

此时，同济大学内的“樱花大道”，正呈现出樱花烂漫的春色美景，形成一道靓丽的风景线，吸引着我们踏着春的脚步前去欣赏。

美丽樱花大道

1997 年 5 月，同济大学的“樱花大道”上种下了来自日本的 200 多株樱花树苗，并立碑：“世代为继，中日友好，樱花为证。

“樱花大道”就建在同济校园内的爱国路上。这批樱花传播着中日友谊，激发着爱国的热情，祝愿着世界的永远和平。

每年3月底4月初，同济大学校园最美丽的一角就是“樱花大道”了。“樱花大道”上的樱花漂亮迷人，这些樱花在这个美丽的校园里自然而和谐。

每年樱花开放，这里都会吸引无数的游人慕名前来观赏，有同济的师生，有沪上市民，有国内外的朋友，等等。很多摄影爱好者、花卉爱好者齐聚一堂，好不热闹。在这里，你可以尽情观赏樱花的美丽，感受大学的气息，还可以尽情欣赏同济大学组织的特色樱花节活动。

特色樱花节

樱花节已成了同济大学校园文化的重要一环。

每年同济大学都会举办特色主题的樱花节，将樱花文化与同济文化巧妙融合，吸引着同济师生与游人的目光。

每年同济大学樱花节的活动主题都各具特色。

举办过“一花一世界，一樱一季缘”的摄影大赛；

举办过“美丽同济——旗袍文化进校园”的展示活动；

举办过“醉樱花”的上海高校巡回演唱会……

在这里，每年都会上演不同的樱花文化传奇！

樱花美丽，无与伦比，充满着希望和纯真，给青春和梦想点上祝福之光。

一朵朵樱花在春光中竞相吐蕊绽放，云蒸霞蔚，显千娇百媚，美不胜收。无论是远观还是近看，都是人间至美春景。

一年年樱花节在春日里闪耀着迷人光彩，青春激荡，展文化蕴味，悠远绵长。无论是此刻还是彼时，都是世上至胜风景！

樱花烂漫

春暖花开，樱花朵朵烂漫，置身在这样一片灿烂的花海中，我们深深陶醉。樱花美得这样让人心醉，也越发激起了我们更多的好奇心。

樱花，有怎样的生长习性？樱花，为什么能得到这么多人的喜爱？樱花，背后承载着怎样神秘的传说？

带着这些疑问，走进樱花的世界吧！

樱花起源于哪里

樱花，起源于中国。早在2000多年以前，我国就开始栽培樱花了。盛唐时期，日本倾慕中华文化，来华学习交流，并将樱花的种植技术带回了日本。从此，樱花在日本迎来了它的全盛时期，一共被培育出近200个品种。因此，日本被誉称“樱花之国”，樱花也成了日本的国花。

樱花分布在哪里

樱花是温带、亚热带树种，性喜阳光和温暖湿润的气候条件，有一定抗寒能力。因此，它的主要种类分布在中国西部和西南部以及日本和朝鲜。樱花的主要品种有东京樱花、染井吉野樱、寒绯樱、山樱花、河津樱、大岛樱等。

东京樱花

染井吉野樱

寒绯樱

山樱花

大岛樱

河津樱

樱花有哪些价值

樱花不仅可以观赏，还可用来制药和护肤。樱花色泽鲜艳亮丽，枝叶繁茂旺盛，给人带来美的视觉体验；樱花皮、木材含有药用元素，樱花种仁经过提取制药，可用于咳嗽、发热等症状；此外，樱花具有嫩肤、增亮肤色的作用，是护肤品的重要原料之一，被称为“肌肤年轻的青春之花”呢！

你知道樱花的传说吗

在日本，关于樱花有一个美丽动人的神话故事。很久以前有一个聪明美丽的姑娘，名叫木花开耶姬，日语中即樱花的意思。有一年，她从冲绳出发，途径九州、关西、关东，于第二年五六月间到达北海道。沿途她把一朵朵樱花撒遍日本各地，从此，樱花在日本盛开千载，且年年灿若云之霞。日本人民因非常喜爱樱花，把它定为国花。

樱花的花语是什么

樱花的花语不同于它的传说，它的花语是爱情与希望，代表着高雅、质朴、纯洁的爱情。

樱花宛如懵（mĕng）懂少女，安静地在春天开放，满树的白色、粉色的樱花，是对情人诉说爱情的最美语言。

我们感叹，樱花有如此丰富的文化渊源！

随着时间的推移，樱花文化已经渐渐涉及美术、文学、影视等领域。

樱花之美，我们在欣赏，我们也在持续挖掘。

同济大学樱花节是欣赏樱花、感受樱花文化与校园文化的梦幻之地。

问题角

1. 每种樱花的花瓣一样多吗?
2 樱花在哪个季节开放?
3. 樱花有哪几种常见的颜色?
4. 常见的樱花有哪几种?
5. 樱花的花语是什么?
6. 有哪些形容樱花的诗句?
7. 除了观赏,樱花还有哪些价值?
8. 樱花主要生长在哪些国家?

探究园

1. 樱花品种繁多,你认识哪一些?

• 寒绯樱

• 大寒樱

• 云南樱花

2. 下图所示樱花既可以赏花，又可赏树形，被日本人被誉为“最美的樱花”，请问它叫什么名字？

（ 垂枝樱花 ）

3. 中国引种最多的一种樱花，请问它叫什么名字，有什么形态特征？

（ 山樱花 ）

- 山樱花是乔木，高 3~8 米
- 树皮灰褐色或灰黑色
- 小枝灰白色或淡褐色，无毛
- 花瓣白色，稀粉红色，倒卵形
- 花期 4~5 月，果期 6~7 月

交流台

1. 你了解樱花的哪些内容？
   - 樱花花期和颜色
   - 樱花种类和产地
   - 樱花花语和传说
   - 其他

2. 你还知道哪些知名的上海赏樱景点？
   - 顾村公园樱花林
   - 世纪大道樱花岛
   - 闵行体育公园樱花道
   - 其他

同济大学樱花节——浪漫的樱花

活动目标	了解樱花的生长习性、同济大学樱花节的由来，知道国内外知名赏樱景点，近距离欣赏樱花的美，增强对樱花文化的理解和体验。
活动准备	观看有关樱花的唯美电影或动画，收集国内外知名赏樱景点资料。
活动内容	**活动一　初探同济大学樱花节** 1. 了解樱花的生长习性、同济大学樱花节的来历和特色活动。 2. 自由分组，选择各自感兴趣的内容开展讨论。 讨论①：樱花有哪些特征？ 讨论②：同济大学樱花节包含哪些活动？ 讨论③：同济大学的樱花有什么历史价值？ 讨论④：除了观赏，樱花还有哪些价值？ 讨论⑤：其他 3. 根据探究问题制作探究方案。 我的任务是收集_樱花_的资料，成果展示形式是_画册_等。 **活动二　参观同济大学樱花** 1. 近距离观赏樱花，并拍照留念。 2. 收集樱花的图片资料。 **活动三　制作“樱花烂漫”的画册** 1. 介绍樱花。 · 花语　　· 传说故事　　· 历史价值 2. 整理摄影照片，制作画册。 3. 选择一个知名樱花景点，并向大家介绍。
拓展活动	1. 观看有关樱花的电影或动画。例如：《四月物语》《秒速 5 厘米》等。 2. 了解国内外知名的赏樱景点及樱花节的相关资料。

同济大学大礼堂

走进同济，走进这座建筑教育的圣地，我们不由地会被她那曲线流畅的现代建筑所吸引。就在四平校区的西北方向，安静地矗立着一座外形独特的经典建筑，这便是著名的同济大学大礼堂。

同济大学大礼堂于 1961 年落成，由建筑师黄家骅、胡纫茉和结构工程师俞载道、冯之椿设计。这是一座可容纳 3000 人的大礼堂，建筑面积达 3600 平方米，礼堂内部没有一根柱子，建成之时，是亚洲地区最大的无柱中空大礼堂。

1999 年 10 月，同济大学大礼堂获"新中国 50 年上海经典建筑"提名奖，近年也被列入上海市第四批优秀历史建筑名单。

小贴士

地　　址：上海市杨浦区四平路 1239 号同济大学校园内

交　　通：地铁交通 10 号线；公交 61、115、843 路等

开放时间：全年开放

没有柱子的建筑

近半世纪风雨剥蚀，如今大礼堂仍屹立在校园主干道上，展现其独特风姿。

作为同济大学的标志性建筑之一，“同济大学大礼堂”到底有着什么样的魅力？它的结构、造型、功能有什么特别之处？没有柱子的建筑为什么不会倒塌呢？

去见证一下这座神奇的建筑吧！

独特的建筑结构

同济大学大礼堂，最让人称奇的莫过于其“无柱”的建筑建构。

它采用的是当时最先进的钢筋混凝土拱形网架薄壳屋架，建筑跨度为 40 米，结构跨度为 54 米，整个礼堂内部没有一根柱子。建筑物采用三角拱，底部用钢筋连接，两侧用水泥墩固定，在造型美观的同时，也非常实用。

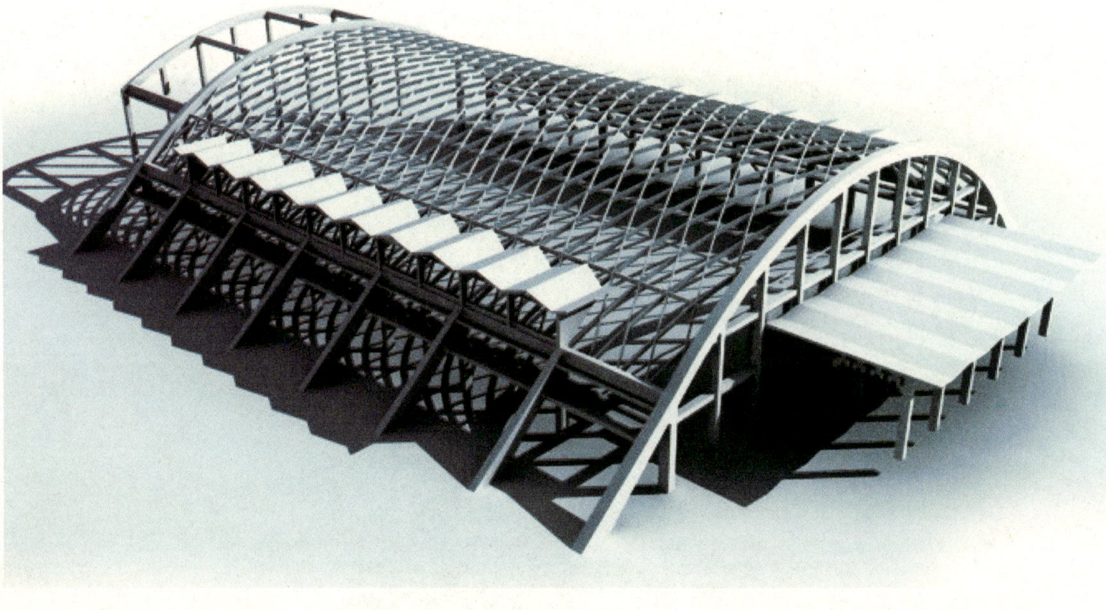

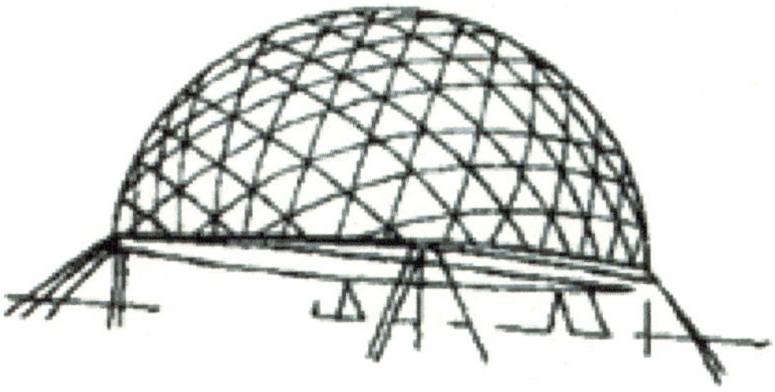

网壳结构是典型的空间结构，合理的曲面可以使结构力流均匀，结构具有较大的刚度，结构变形小，稳定性高，还节省材料，因此，整个大堂没有柱子，依旧可以稳固地立在那里。

先进的建筑功能

同济大礼堂是个经过改造的老建筑，改造后，无论是大礼堂的外立面还是室内环境都为国内典范，它的放映、音响设备和上海大剧院、上海艺术中心相比毫不逊色。除此之外，更是将建筑节能理念充分融入建筑细节中。

首先采用屋面外保温和室内主立面内保温的室内外相结合的保温方式；在改建层面上，将老门窗改成断桥铝并在表面贴木皮的方式，既保持建筑物原有的样式又起到保温节能的效果，还利用庭院式的采光和通风方式达到自然节能的目的；同时在采光窗上安装机械联动装置，能在开会、放电影时自动开启、调节通风和采光，在新建层面上，采用“地源新风”“座椅柱脚送风”等多种建筑节能技术。

和谐的立体造型

同济大礼堂的东面广场面对校图书馆，南面有立着孔子像的千秋园，西面为学生食堂，北面为西北学生公寓。大礼堂以及周边成为同济校文化生活聚集地。大礼堂珍贵的历史价值表现在：富有特色的礼堂正立面以及它和图书馆的轴线关系；大跨度的结构空间体系以及结构与屋顶之间的逻辑关系。

改造后的大礼堂，建筑东立面即主立面的入口门廊和细部被保留，落水管重新布置，使得柱子简洁利落。远远望去，门廊的折型雨棚在阳光下依旧明亮。

建筑南、北立面的屋顶侧窗，它既是建筑的鲜明特征之一，同时有利于自然通风，降低能耗，因此被保留下来。在此基础上稍加改动的是，利用南北的侧向加固横板，围合成玻璃侧廊，原侧墙改为内部的实体墙，杜绝了外界环境对内部的干扰，也让视觉和光线自由穿越进入门厅。其次，屋面材料选择油毡板，其质感和色彩与礼堂保持整体上的一致。

奇特的拱形

拱形结构是建筑结构中的一种基本的结构，它的产生时间很早。中国古代有弧拱、古埃及和古希腊有券拱、古罗马有半圆拱等等，不光世界上有很多有名的拱形建筑，生活中我们也会时常看到拱形。那么拱形结构为什么会被如此广泛的应用？它的原理是怎样的？

拱形的基本原理

拱形作为一种特殊的结构，能够使强度一般的材料变得“坚硬”，从而使其能承受很大的压力，那么拱形为什么具有如此强大的力量呢？

这是因为拱形可以将受到的压力分解成向下的压力和向外的推力，是所有结构中唯一产生外推力的结构。如果能抵住拱形的外推力，那么，拱形承受的压力就会增强。

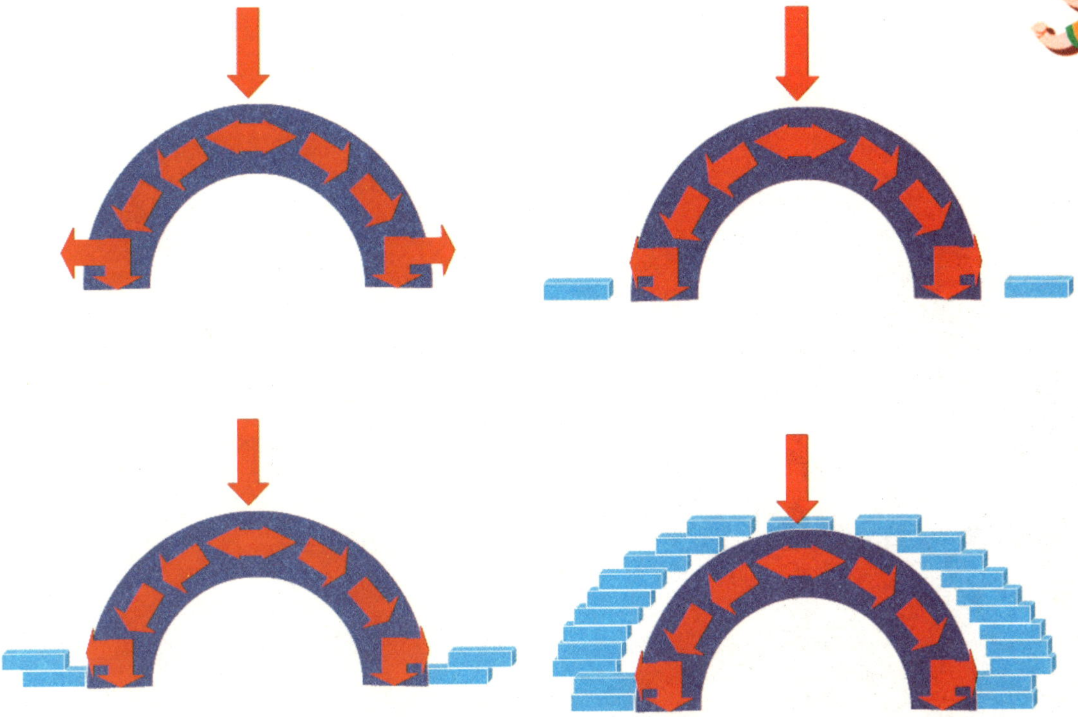

如果你有兴趣，可以做一个纸拱，来测试一下它能承受多大的压力。

步骤如下：找一张厚度适当的纸，做成拱形，用书本固定在桌上；在纸拱上方增加垫圈，看看它能承受多大的压力；试着增加几本书来固定纸拱的底部，观察它在承压方面有什么变化。试验做完，你一定可以理解拱形结构的原理了。

生活中的拱形

拱形结构除了一般的形状外，还可以演变成类似半球形的形状，使得拱形的运用范围更加广泛。在我们的日常生活中，可以看到很多拱形、球形或是圆顶形的物体，大到桥梁、建筑，小到安全帽、电灯泡，拱形结构可谓是无处不在。

电灯泡为了透光，玻璃做得很薄，但球形可以使薄薄的玻璃变得坚固；半球形的安全帽，可以使头部在受到重物砸击时将力分散从而防止头部受伤；拱形门窗、圆顶锅盖可以分散压力，所以承重能力更强。

当然，拱形主要还是运用在桥梁和建筑方面。

比如我国的拱桥，其中，赵州桥就是一个非常典型的例子，它是我国现存最早，保存最完善的拱桥之一；黄土高原的窑洞，其历史可以追溯到四千年前，它内部半球形的窑顶和拱形的洞口使其能够支撑起厚厚的土层。

欧洲哥特式建筑堪称建筑史上的经典，其中的巨型拱形门给人带来一种强烈的震撼感。

巴黎的四大代表建筑：埃菲尔铁塔、凯旋门、卢浮宫、巴黎圣母院无一不是运用了拱形。

埃菲尔铁塔

凯旋门

卢浮宫

巴黎圣母院

而在现代，拱形在建筑、桥梁方面的作用丝毫没有减少。

我国的国家大剧院和奥大利亚悉尼歌剧院就是很典型的代表，这种半球形拱形屋顶结构运用相当广泛。

在桥梁方面，上海卢浦大桥是当今世界第一钢结构拱桥，是世界上跨度最大的拱形桥，整座桥就是靠那个巨大的拱形架支撑的。

虽然现代的拱形建筑和桥梁在外形上和古代的有很大差别，但它们所利用的原理都是一样的。

同济大学大礼堂，一座传统与现代相结合的经典建筑。

问题角

独特的建筑结构

1. 同济大礼堂没有柱子，屋顶为什么不会塌下来？
2. 同济大礼堂采用的是什么结构？

先进的建筑功能

1. 改造后的同济大礼堂有什么新的功能？
2. 同济大礼堂在哪些方面融入了节能的理念？

和谐的立体造型

1. 同济大礼堂南、北立面的屋顶侧窗起什么作用？
2. 同济大礼堂的屋面材料选用的是什么材料？

其他

1. 同济大礼堂里有多少个座位？
2. 桥梁承重能力与哪些因素有关？

探究园

1.哪种建筑结构可以将受到的压力分解成向下的压力和向外的推力？

（拱形）

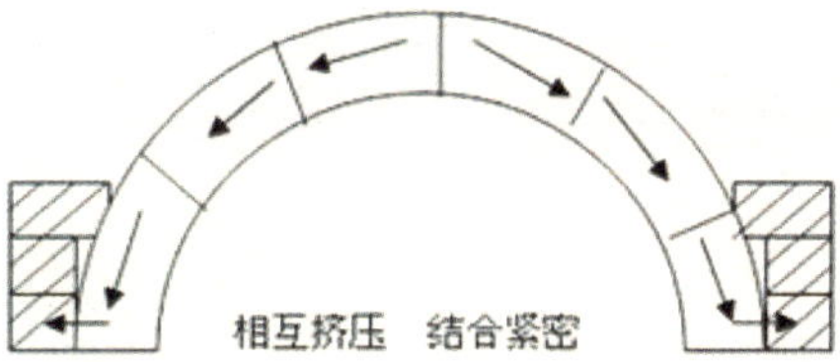

2. 下图中的屋架属于哪一种？

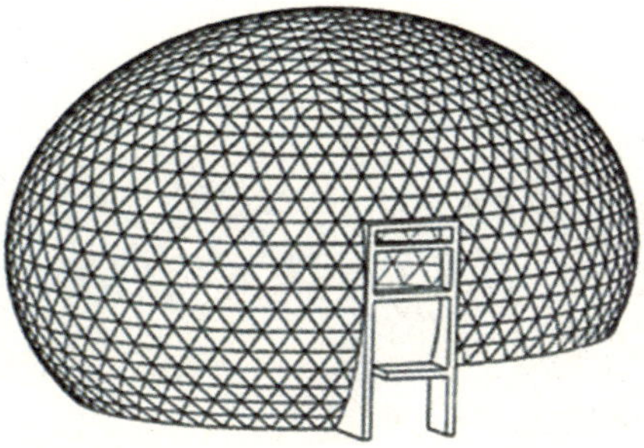

（网壳屋架）

3. 桥梁常用的结构有哪些?

(梁式结构)

(拱式结构)

(斜拉结构)

(钢架结构)

交流台

1. 在日常生活中你是否留意过桥梁的不同结构，说说它们的特点或作用。

类别	样式、结构	特点或作用
杨浦大桥		桥塔两侧各以32对钢索连接主梁索面，呈扇形分布，全桥设计精巧、造型优美、气势恢宏
河南路桥		一座长64.46米，宽18.2米的3孔混凝土悬臂挂孔桥
外白渡桥		中国的第一座全钢结构铆接桥梁和仅存的不等高桁（héng）架结构桥

2. 你认为桥梁的承重能力与哪些因素有关？

• 材料　　• 桥墩位置　　• 跨度　　• 其他

同济大学大礼堂——奇特的拱形

活动目标	了解同济大学大礼堂建筑结构、设计、功能等相关方面的知识，开阔眼界，感受建筑魅力，激发探究兴趣。
活动准备	提前查阅同济大礼堂相关的资料，初步了解大礼堂的修建历史。
活动内容	**活动一　走进同济大学大礼堂** 1. 介绍同济大礼堂的修建历史以及它的结构、功能、设计等。 2. 自由分组，选择各自感兴趣的内容开展讨论。 讨论①：同济大礼堂是什么时候修建的？ 讨论②：同济大礼堂没有柱子，屋顶为什么不会塌下来？ 讨论③：同济大礼堂在建筑上有什么特别之处？ 讨论④：桥梁承重能力与哪些因素有关？ 讨论⑤：其他 3. 根据探究问题制作探究方案。 我的任务是收集 制作“纸桥” 的资料，成果展示形式是 作品展 等。 **活动二　参观同济大学大礼堂** 1. 准备照相机等参观工具，确定考察顺序：由外到内、由上到下、由左及右等按序考察。 2. 重点考察“同济大礼堂”的结构、设计和功能。 3. 收集“奇特的拱形”的图片资料。 **活动三　奇特的拱形** 1. 介绍拱形结构的原理。 2. 说说生活中的哪些物品与拱形有关。 3. 设计纸桥。 • 确定桥面的形状和结构　• 制作纸桥　• 实验验证纸桥的承重力
拓展活动	1. 了解赵州桥和卢沟桥在桥梁结构上有什么不同。 2. 了解从古至今中国有哪些杰出的建筑家。

同济大学校史馆

一提起同济大学，人们马上会想到建筑学。是的，同济大学作为中国著名的“建筑老八校”之一，历史悠久、享有盛誉，已有一百多年的发展历史。

时光静静流淌，我们不禁自问，究竟是怎样的坚毅精神和强大力量支撑着同济大学度过这百年的历史风雨呢？同济大学自主设计的校史馆就为我们讲述了百年同济的光辉历史。

同济大学校史馆位于同济大学四平路校区东侧，建筑面积为 1395 平方米。校史馆的展示流线十分简明、紧凑，从首层门厅起呈逆时针方向将 8 个展厅巧妙串联起来。同时，因它独特的建筑设计风格，成为校园内一道靓丽的风景线。

小贴士

地　　址：上海市杨浦区四平路 1239 号同济大学校园内

交　　通：地铁 10 号线；公交 61、115、843 路等

开放时间：无休息日，上午 9：00～17：00，团队预约

同舟共济

古人云，以史为鉴可以知兴替。历史是一面多棱镜，从不同角度和截面折射出时代的印记。而同济大学，作为中国最早的八所国立大学之一，它的百年历史就是中国近现代教育发展史的缩影。

了解同济大学的历史，你才能真正体会百年同济经历过的种种挫折，跨越过的重重磨难。

了解同济大学的历史，你才能真正领会中国近现代教育史发生的一系列变化，攀登过的一座座高峰。

同济大学校史馆，像一幅珍贵又美丽的画卷，静静展示着，等待我们一起去领略它的沧桑与情怀，它的伟大与谦逊。

纪念式公共大厅

纪念式公共大厅是同济大学历史的“序言”和“导入”。在这里，你可以瞻仰同济大学创始人埃里希·宝隆先生的雕像，欣赏螺旋向上攀升造型的“镇馆之宝”玻璃泥土柱，也可以通过显示器查阅近 27 万份同济校友的资料。

同济百年历史

校史馆二楼至三楼，通过照片、文物、多媒体等方式来生动展示同济大学的历史。

· 同济初创　德人治校

同济大学的建立与中德两国之间的交流密不可分。

创校初期由德人办校治校，完全沿用德国的办学模式。

• 华人接办　晋升国立

一战德国战败，同济转由华人接办。1923 年，同济大学正式被国民政府教育部命名，进入飞速发展期。

• 辗转迁徙　风雨同舟

日军侵华时期，同济大学经过艰苦卓绝的跋涉辗转，最终迁至四川李庄继续办学。1946 年回迁上海，同济大学已拥有理、工、医、文、法五大学院，成为海内外著名的综合性大学。

·院系调整　曲折发展

新中国成立后，国家统筹布局教育资源，对同济大学进行了多次院系调整。同济的一些优势学科被调出，14 所院校的土建类专业并入同济。调整后，同济大学成为国内土建方面规模最大、专业最全的工科院校。

·改革开放　两个转变

改革开放时期，同济大学调整发展方略，由单科性院校向多科性大学转变，并且恢复对德联系，向对外开放型办学转变。

·抓住机遇　争创一流

20 世纪 90 年代开始，同济大学纳入国家“211 工程”和“985 工程”建设规划中，综合实力大幅提升。很快，同济大学成为拥有“医、工、理、法、文、哲、经、管、教、农、艺”等 11 大学科类的综合性现代大学。

专题展示厅

“同济大学与中国城市的发展”专题展示厅，描绘了同济大学在城市规划设计方面所做的探索与获得的成果。

厅内还陈列一些与同济大学密切相关的知名建筑模型，如上海世博会场馆、东方明珠、北京奥运会体育场“鸟巢”等。

院士风采

一百多年来，同济大学造就了大批人才，其中超过 100 人当选为中国科学院、中国工程院两院院士。

你是否被同济大学院士们的精神折服？

你是否想要知道更多院士背后的故事？

你是否在心中默默刻下梦想，立志长大以后要成为像他们一样的优秀人才？

探索同济大学知名院士的成长轨迹，领略他们的风采吧！

同济大学知名院士

·李国豪（1913~2005）

著名桥梁学家、教育家、社会活动家，世界十大著名结构工程专家之一，中国首批桥梁专家。

中国科学院院士，中国首批工程院院士，同时是中国少有的两院院士，曾担任同济大学校长。

他的代表作是《悬索桥按二阶理论实用计算方法》，被誉为“悬索桥李”。

· **吴孟超**（1922~ ）

著名肝胆外科专家、中国科学院院士。

他师从中国著名外科学家裘法祖，擅长肝胆疾病的各种外科手术治疗，尤其擅长肝癌、肝血管瘤等疾病的外科手术治疗，被誉为“中国肝胆外科之父”。

2005年获国家最高科学技术奖；2011年度评为感动中国十大人物；2011年5月，中国将17606号小行星命名为“吴孟超星”。

· **汪品先**（1936~ ）

海洋地质学家，中科院院士，同济大学海洋与地球科学学院教授、博士生导师。

国家重点学科“海洋地质学”和上海市重点学科“海洋地质”的学科带头人。

他曾获得欧洲地球科学联合会奖、中国科学院自然科学一等奖、国家教委科技进步一等奖等奖项。

· **郑时龄**（1941~ ）

建筑学专家、中国科学院院士，法国建筑科学院院士，美国建筑师学会荣誉院士。

他曾主持设计了上海南京路步行街城市设计、上海朱屺（qǐ）瞻艺术馆、上海至北京高速火车沿线方案等。

他的专著《建筑理性论》和《建筑批评学》建立了“建筑的价值体系和符号体系”这一具有前沿性与开拓性的理论框架。

吴孟超院士的感人事迹——肝胆春秋

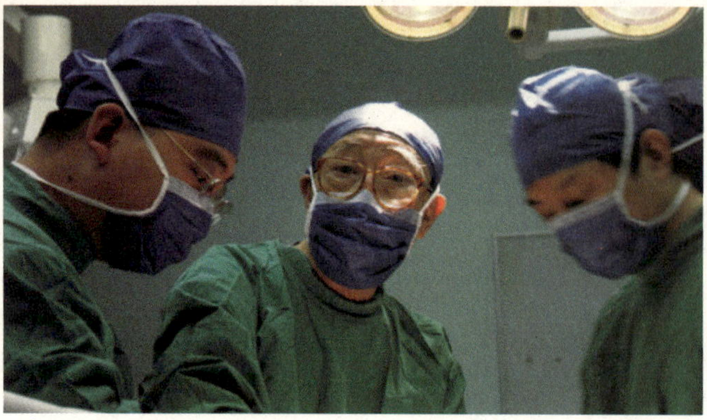

如果哪一天，我真的在手术室里倒下了，你不要慌张，你知道我是爱干净的，记住给我擦干净些，别让人看见我一脸汗水的样子。

——吴孟超

60 年前，他搭建了第一张手术台，到今天也没有离开。手中一把刀，游刃肝胆，依然精准；心中一团火，守着誓言，从未熄灭。

——2011 感动中国十大人物吴孟超颁奖词

20 世纪 50 年代末，我国肝脏大手术无人敢做，相关专著也比较简单，难以解决临床问题。吴孟超与方之扬医生一起废寝忘食将美国人编的《肝脏外科入门》一书翻译出版，成为进军肝胆外科学的“热身赛”。为突破治疗肝脏疾病，吴孟超攻关小组决定从解剖学入手，制作出肝脏血管的标本。

1959年，他从中国乒乓球队容国团获得世界冠军的消息中，获得灵感，在制作乒乓球用在赛璐璐里加入红蓝白黄几种颜色，分别从肝动脉、肝静脉、门静脉和胆管注入，使肝脏内部纵横交错的粗细血管全部充满，等凝固后制成了中国第一具能满足科研需要的肝脏腐蚀标本。

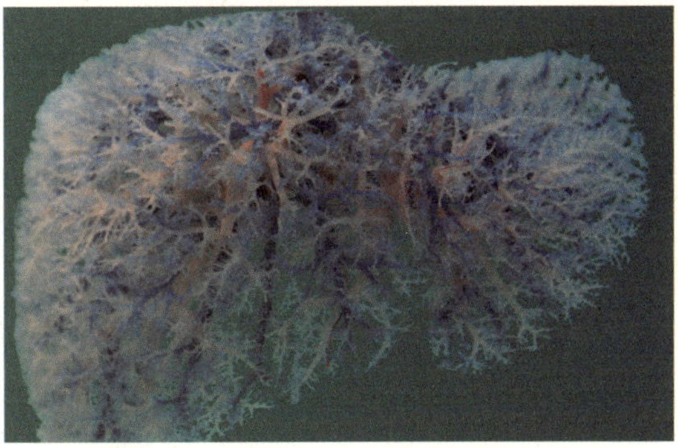

吴孟超制作的肝脏腐蚀标本

后来，吴孟超又开创“常温下间歇肝门阻断切肝法”，并在1960年3月1日，在常温下主刀完成了中国第一例成功的肝脏手术。1963年夏，他又和同事们成功地为一名患者实施了中肝叶切除术，降低了并发症，提高了手术疗效，突破了“禁区中的禁区”，这标志着中国肝脏外科已跻身世界先进行列。因为他的杰出贡献，在2005年他获得了“国家最高科学奖”。

吴孟超（图左）获2005年“国家最高科学奖”

学习单

同济大学校史馆是探索同济百年沧桑历史和发展成就的绝佳之地。

问题角

纪念式公共大厅

1. 同济大学的创始人是谁？
2. 同济大学的校名取自哪个成语？
3. 校史馆内的“镇馆之宝”是什么？

同济百年历史

1. 同济大学培养的第一位博士是谁？
2. 同济大学最早的华人教授是谁？
3. 同济大学取得过哪些重要的科研成果？

专题展示厅

1. 同济大学建筑系弛名中外，设计了哪些世界著名的建筑物？
2. 同济大学参与了哪些上海知名建筑的抗风和抗震研究？
3. 同济大学教授运用哪种方法顺利安装成功东方明珠电视塔天线？

探究园

1. 建筑老八校中，分别是哪几所学校？

• 清华大学

• 东南大学

• 同济大学

•天津大学

•华南理工大学

•重庆大学

•哈尔滨工业大学

•西安建筑科技大学

2. 上海有好多著名的建筑物是同济大学设计的，请写出它的名称。

（上海中心大厦）

（上海自然博物馆）

（苏通大桥）

（中华艺术宫）

学习单

3. 同济大学著名院士。（连线）

李国豪

贝时璋

裘法祖

著名医学家；科学院士；“中国外科之父”，其刀法精准，被医学界尊称为“裘氏刀法”。

著名桥梁学家；中国第一批桥梁专家；著名两院院士，曾任同济大学校长。

实验生物学家，细胞生物学家；我国细胞学、胚胎学的创始人之一，我国生物物理学的奠基人。

交流台

1. 选择同济大学设计的一个著名建筑，介绍给大家。
2. 说一说你参观同济大学校史馆的感受，与同学交流。
  （1）你对同济大学百年校史印象最深的是什么？
  （2）你向院士学习的精神和品质是什么？
  - 吃苦耐劳
  - 勤奋好学
  - 主动探究
  - 勇于创新
  - 追求卓越
  - 其他

同济大学校史馆——行知同济

活动目标	了解同济百年沧桑历史和历来的发展成就，知道同济大学知名院士的事迹，感受院士勤奋钻研的精神品质，培养科学素养。
活动准备	观看同济大学百年校庆纪录片，收集同济大学知名院士的事迹。
活动内容	**活动一　我知同济** 1. 介绍同济大学校史馆的展出内容。 2. 自由分组，选择各自感兴趣的内容开展讨论。 讨论①：同济大学校史分成几个发展阶段？ 讨论②：同济大学有哪些知名院士和杰出贡献？ 讨论③：同济大学在建筑设计和土木工程方面有哪些优秀作品？ 讨论④：上海哪些著名建筑是由同济大学建筑设计研究院设计的？ 讨论⑤：其他 3. 根据探究问题制作探究方案。 我的任务是收集 院士风采录 的资料，成果展示形式是 风采录 等。 **活动二　参观同济大学校史馆** 1. 重点参观“专题展示厅”。 2. 收集“设计院士风采录”的资料。 3. 说说对同济大学校史馆的印象。 **活动三　设计院士风采录** 1. 介绍一位院士。 • 生平　• 兴趣爱好　• 成长故事　• 说说向院士学习什么 2. 分组讨论决定“院士风采录”的展出内容和展示形式。 • 确定文图内容　• 设计排版　• 抄写或粘贴　• 美工完善 3. 评比“最佳院士风采录”。
拓展活动	1. 观看国内知名院士纪录片，如《走近院士》《一个科学家的 24 小时》等。 2. 参观上海院士风采馆，探究院士的生活和杰出贡献。

复旦大学校史馆

很多知名的高等学府都拥有自己的校史馆，比如复旦大学这样的百年名校。

复旦大学校史馆位于上海杨浦区复旦大学校园内，展馆分为两层，面积达700多平方米，可同时容纳200～300人参观。校史馆按学校体制与属性，分为复旦公学、私立复旦大学、国立复旦大学、复旦大学四个时期。它以复旦大学发展的时间为主线，根据每个时期的特点，分成十一个阶段来陈列资料。

复旦大学校史馆展示了复旦大学百年的沧桑历史和发展成就。馆内珍藏很多文物资料十分有价值，包括有我国最“老”的毕业文凭，有孙中山先生为复旦写下的“天下为公”的题词等等。

小贴士

地　　址：上海市杨浦区邯郸路220号复旦大学校内700号

交　　通：地铁10号线；公交99、118、960路等

开放时间：周二至周四9：00～11：30、14：00～16：00

博学而笃志

在复旦大学校史馆里，你可以通过保留下来的珍贵文件手稿、带着时光印记的老旧照片、具有永久珍藏价值的物件，尽情领略复旦大学的风采。

更重要的是，你会被复旦大学波澜壮阔的历史所震撼。每一个复旦人热爱母校的理由，你都可以在校史馆里找到答案。

筚（bì）路蓝缕 复旦公学

1903 年，马相伯先生倾其家产，在上海创办震旦学院。不久，法国教会势力干预校政，震旦学院的于右任、邵力子等 130 名学生愤然脱离震旦，拥戴马相伯在吴淞另创新校。1905 年 9 月 14 日，复旦公学在上海吴淞提督行辕正式开学。“复旦”一词取自《尚书大传·虞夏传》中“日月光华，旦复旦兮”的名句，意在自强不息。

草创奠基　私立复旦大学

复旦公学原只有文科、理科两个学科，但在 1917 年又设立了商科，所以形成了大学体制，故改名为“复旦大学”。经过一段时间的快速发展，1929 年，复旦大学进行了改组，设立了文、理、法、商四个学院。这时，私立复旦大学进入了黄金时期。

抗战时期　国立复旦大学

抗战爆发后，复旦部分师生被迫辗转迁移至重庆北碚，在嘉陵江畔建成战时校园。北碚校区，复旦大学设有文、理、法、商、农五大院系，滞留上海的复旦师生则成立“上海实习部”。1942 年，国民政府将私立复旦大学改为国立大学，办学条件大为改善，名师云集，学术活跃。国立复旦成了抗战时期大后方人文荟粹的文化重镇。

跨越腾飞　复旦大学

新中国成立后，复旦师生积极投身革命与建设的事业之中，做出了重大贡献。1952 年，复旦成为了一所文理综合性大学，奠定了发展的基础。在历史的命运年轮中，复旦经历了十年“文革”磨难，拨乱反正后，迅速恢复生机。

20 世纪 80 年代，复旦大学多学科体系全面发展。随后，复旦大学按照三步走的发展战略，朝着世界一流大学的宏伟目标继续探索前进。在这几个阶段，复旦大学在人文、经史、科研等领域取得了重大成果，并涌现出一批批高端人才。

播种梦想

纵观复旦大学的百年历程，我们仿佛看到一代又一代复旦人奋斗的身影。

复旦大学发展到今日，都始于一百多年前马相伯先生心中的教育梦、大学梦。

马相伯先生是在怎样的契机下创办复旦大学的呢？当时的历史、经济、社会环境如何？马相伯先生又遇到了怎样的困难并最终克服的呢？

马相伯先生

马相伯（1840-1939 年）

祖籍江苏丹阳，生于镇江市丹徒。

我国著名教育家；

复旦大学创始人；

震旦大学首任校长；

爱国人士、耶稣会神学博士。

杰出教育家蔡元培、民国高官于右任、邵力子为其弟子。

“墨水瓶事件”

1902年11月5日，南洋公学（上海交通大学前身）的教室讲台出现了一只空的墨水瓶。文科教习郭镇瀛（yíng）看到后，认为这是学生故意羞辱他“肚中无墨”，非常愤怒并向学校报告了此事。校方专制武断处理，直接宣布开除全班学生，以示惩戒。全校学生奔走相告，请求学校撤销这个不公的处罚决定，但是学校不予理会。于是，引起公愤，全校学生以集体退学来抗议不公。后来，蔡元培与校方再次交涉后，没有成效，最终他愤然辞职，145名学生也退学离校。

离校后部分学生经蔡元培介绍，向马相伯求学。于是，马相伯在次年即1903年租用徐家汇天文台旧址的部分房屋，以“中西大学堂”的理念，创办震旦大学院——中国近代第一所私立大学。

“墨水瓶事件”后部分离校学生合影

蔡元培曾任南洋公学特班教习

这就是历史上著名的被称为中国学运史上“一声霹雷”的“墨水瓶事件”，它是对封建专制的一次打击，当时的社会进步舆论给予了支持和极高的评价。事件中直指封建教育中的专制礼教与新式教育中的平等自由的矛盾，也是马相伯先生作为教育家所深刻感知到的。这一事件与马相伯先生创办震旦学院，实现“启发民智，教育救国”的理想具有密不可分的关联。

脱离震旦 创办复旦

1905 年春，法国天主教耶稣会试图拿下震旦，将其变为教会学校。于是教会以让马相伯“养病”为理由，委任法国神父南从周为总教习，改变办学方针，另立规章。学生大哗，摘下校牌，全体退学。马相伯看到退学学生签名簿时，老泪纵横，决意站在学生一边，与学生共进退。

他的行为得到张謇（jiǎn）、严复和袁希涛等名流的支持，很快得到各方资助，在上海江湾另行筹建复旦公学。经过半年多的筹建与准备，于当年的中秋节（1905 年 9 月 13 日）复旦公学正式开学。马相伯任校长兼法文教授，李登辉任教务长。

20 年代复旦公学大门旧迹

宣统元年复旦公学毕业文凭

辛亥年间 几经停复

1911 年，辛亥革命如疾风暴雨，复旦学生多数参加革命军；加上经费停发，学校本土又为光复军司令部占用，学校一度停办。后来，南京临时政府成立，大局初定，一时各大高校纷纷筹备复课，复旦公学则因校址无着，经费困难，束手无策。后来孙中山先生得知此情况，给复旦拨补助金一万元，同时在教育部立案。1912 年 12 月中旬，校长马相伯、教务长胡敦复在无锡士绅支持下，借李瀚章大公祠为课堂，昭忠祠为宿舍，筹备复学。

不久，爆发“二月革命”，但这次革命迅速失败。复旦校董中多人逃亡国外，学校经费补助又告断绝。李登辉校长千方百计地开源节流，师生共同努力，终于使学校收支趋于平衡。在这样克服困难的过程中，养成了复旦师生团结奋斗，精打细算，讲究效率的传统。

在这样的艰难困境下，复旦公学还是培养出一批精英人才。1905-1911 年，复旦公学培养出四届高等正科，毕业生共 57 人。1912-1916 年，共培养大学预科毕业生 15 人，中学毕业生 150 人，其中知名的有张志让、孙越崎等人。

上海华山路 1626 号复旦公学校址，现为复旦中学

彰显李登辉老校长对复旦公学的卓越贡献的登辉堂

播种我的大学梦

几经艰难险阻，在马相伯先生为代表的历任校长的努力下，复旦大学最终成了百年名校。

正是这样的顽强精神和卓越品质，支撑着复旦人勇攀高峰。

在我国的近代教育史上，有一批像马相伯一样的教育家，他们心怀教育梦想，为我国近代教育的发展谱写了可歌可泣的历史，被世人传颂和铭记。

在追寻他们的教育梦想时，他们披荆斩棘、克服艰难险阻，最终完成梦想。现在，请种下你的大学梦，相信经过努力，你一定可以实现梦想。

复旦大学校史馆是探索复旦历史发展、文化沉淀和荣誉成长的神圣殿堂。

问题角

1. 校史馆的作用是什么？
2. 复旦大学是哪一年由谁成立的？
3. 复旦大学的校训是什么？
4. 复旦大学的发展经过了几个阶段？
5. 有哪些著名人士在复旦大学留下了题词？
6. 百年发展历程中，复旦大学校址有过哪些变迁？
7. 复旦大学有哪些很有名的专业？
8. 复旦大学曾培育出哪些历史名人？

探究园

1. 复旦大学校史馆里收藏着很多珍贵的历史物件。
   你认识下面的物件吗？请写出名称。

（复旦校歌）

（复旦校钟）

（万国运动会奖杯）

2. 复旦大学在办学方面有很多首创。
   你知道复旦在哪一年开始招收女生？
   该名女生叫什么名字？
   （1927 年）
   （严幼韵）

学习单

3. 复旦大学在文学方面的首创。（连线）

全国文摘类首创刊物　　全国第一份大学主办的杂志　　全国第一本大学生诗集

《大学生》

《海星星》

《文摘》

交流台

1. 与小伙伴一起，讲一讲复旦大学历史故事或人物故事。
2. 说一说你对复旦大学校史馆的印象与感受，并与小伙伴交流。

（1）校史馆内，我印象最深刻的是什么？

（2）你喜欢复旦大学校史馆，是因为什么？

- 校馆史资料丰富
- 复旦历史名人辈出
- 参观路线顺畅清晰
- 讲解员讲解细致生动
- 其他

复旦大学校史馆——百年复旦

活动目标	了解复旦大学校史馆的意义，见证复旦大学的百年发展，学会按年限的考察方法来参观校史馆；分享“我的大学梦”，学会交流与合作。
活动准备	查看复旦史料，阅读相关历史名人勤奋好学实现梦想的事迹。
活动内容	**活动一　“校史馆”知多少** 1. 介绍复旦大学校史馆各展区的展出内容。 2. 自由分组，选择各自感兴趣的内容开展讨论。 讨论①：复旦大学校史分成几个时期和阶段？ 讨论②：复旦大学校史馆内有哪些特别的物件？ 讨论③：复旦大学有哪些历史名人和杰出贡献？ 讨论④：复旦大学有哪些专业很有名？ 讨论⑤：其他 3. 根据探究问题制作探究方案。 我的任务是收集<u>复旦大学</u>的资料，成果展示形式是<u>PPT</u>等。 **活动二　参观复旦大学校史馆** 1. 按年限顺序参观复旦大学校史馆。 2. 重点参观“复旦公学”。 3. 参观复旦大学，并收集图片资料。 **活动三　播种梦想** 1. 介绍复旦历史名人的励志事迹。 • 讨论实现梦想的原因　　• 说说他们的优良品质 2. 说一说“我的大学梦”。 3. 制作“播种梦想”PPT。
拓展活动	1. 收集复旦大学院士资料，描述其中一两位的事迹与成就。 2. 尝试用 PPT 交流实现“我的大学梦”计划。

上海交通大学

19 世纪末，甲午战败，民族危难。中国近代著名实业家、教育家盛宣怀和一批有识之士秉持“自强首在储才，储才必先兴学”的信念，于 1896 年在上海创办了南洋公学。它就是上海交通大学的前身。

上海交通大学是教育部直属，具有理工特色，并在工学、商学、医学领域拥有崇高的学术影响力的综合性全国重点大学。中国首批七所“211 工程”、首批九所 “985 工程重点建设”院校之一，入选“珠峰计划”“111 计划”“2011 计划”“卓越医生教育培养计划”“卓越法律人才教育培养计划”“卓越工程师教育培养计划”“卓越农林人才教育培养计划”，是“九校联盟”“Universitas 21”“21 世纪学术联盟”的重要成员。

小贴士

地　　址：上海市东川路 800 号

交　　通：地铁 5 号线；公交上奉专线、江川 7 路、180 路等

开放时间：校外团体参观时间为双休日、法定节假日及寒暑假

8：30 ~ 11：30、14：00 ~ 17：00

学海之旅

上海交通大学老校长唐文治曾说：欲成学问，当为第一等学问。欲成事业，当为第一等事业。欲成人才，当为第一等人才。而欲成第一等学问、事业、人才，必先砥砺第一等品行。

交大校园

上海交通大学现今共 6 大校区，分别为闵行校区、徐汇校区、法华镇路校区、七宝校区、卢湾校区、上中路校区。校园内环境优美，设施齐备，有光明体育场、陈瑞球楼、木兰船建楼等著名建筑。

学术研究

科研机构：截至 2014年 1月 1日，上海交通大学有 1个国家实验室，8个国家重点（级）实验室，5个国家工程研究中心，3个国家工程实验室……众多科研机构，是交大科研实力的重要体现。

科研成果：交大创造了中国近现代发展史上的诸多“第一”，如中国最早的内燃机、新中国第一艘核潜艇、第一颗人造卫星、第一个大学翻译出版机构等。 2016年 5月，上海交通大学成为国务院首批双创“高校和科研院所示范基地”。

学术资源：上海交大主办有 30余种中外文学术期刊；《上海交大学报》（自然科学版）及（英文版）、《实验室研究与探索》、《工业工程与管理》四刊于 2010年被国际公认的六大权威科技期刊检索数据库的英国 INSPEC国际检索系统收录。此外，交大图书馆馆藏资源丰富，成果卓著。

文化传统

校训：“饮水思源，爱国荣校。”1910年，时任校长唐文治亲定“勤、俭、敬、信”四字为校训，并著文释意。其后交通大学在此校训基础上进行扩充，现行校训于 1995年提出，源于 1933年落成的交通大学传统标志性建筑物饮水思源碑。

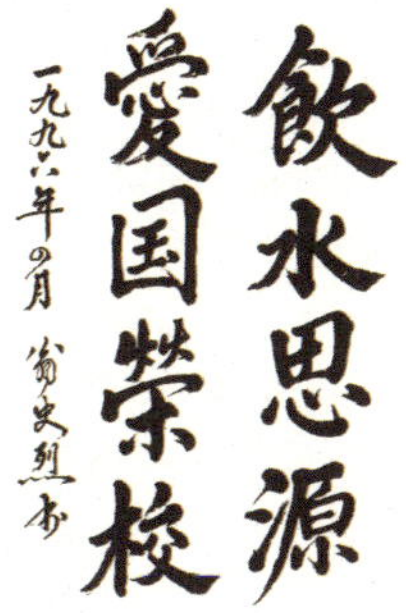

校徽：上海交通大学校徽图案为齿轮铁砧（zhēn）、锤链和书本，校徽中心为铁砧、铁锤，砧上置四本平放的线装书和三本竖放的现代书籍，示工程教育工读并重，融汇古今、学贯中西之意。砧座有阿拉伯数字 1896，表明交通大学的创办年份。砧外为齿轮，内部为一船舶形状，皆寓工程与交通之意。

校歌：以唐文治老校长主政期间于 1909年撰写的校歌为蓝本，融入学校发展新的元素。新老校歌统称“交通大学校歌 09版”，寓意深远。时隔百年，风情器物迥异，但还是一样的情怀，一样的旋律，一样的精神。

办学规模

作为百年学府，交大在办学规模上一直稳中求进，在院系设置、学科建设、师资力量及教学建设等方面齐头并进，不断提升办学实力。

交大院系及学科设置齐全，截至2014年，拥有29个学院、直属系，27个直属单位，14家附属医院，在62个本科专业招生；一级博士及硕士授权点近百个；师资方面，拥有千名杰出教师，40余名两院院士，为培养高质量人才提供了师资支持；国家级的教学与实践基地、精品课程为教学工作提供了有力保障。

交大名人

交大在党、政、科、教、企业界拥有无数知名校友，从办学至今，为社会发展及国家强盛提供了有力的支持。如教育家蔡元培，“中国导弹之父”钱学森，著名数学家吴文俊等。

饮水思源 爱国荣校

上海交通大学从 120 年前的南洋公学，到如今的蓬勃发展，历经百年沧桑，初心不变——“饮水思源，爱国荣校”。深厚的文化底蕴，悠久的办学传统，奋发图强的发展历程，特别是改革开放以来取得的巨大成就，为国内外所瞩目。这所英才辈出的百年学府正乘风扬帆，以传承文明、探求真理为使命，以振兴中华、造福人类为己任，向着“综合性、研究型、国际化”的世界一流大学目标奋进！

南洋公学

1896 年，南洋公学诞生，这是我国最早兼有师范、小学、中学和大学这一完整教育体系的学校，其中师范是我国近代最早的新型师范学校。学校经费半由商民（即招商局、电报局）所捐，半由官助，是为公学。清末称今上海地区为南洋，故学校取名为南洋公学。

交通部上海工业专门学校

1912年，学校改隶北京国民政府交通部，更名为交通部上海工业专门学校。并将铁路科改为土木科，电机科改为电气机械科。1918年3月，学校又增设铁路管理科，这是我国设立此科之开端，开创了工管结合的先河，无疑是我国近代高等教育史上的一个创举。

交通大学上海学校

1921年，叶恭绰任北洋政府交通总长时，将交通部所属三所高校（上海、北京及唐山）统一更名为交通大学。本校定名为交通大学上海学校，并在全国率先成立董事会，校长亦由董事会选举产生。叶恭绰当选为校长，张铸为沪校主任，凌鸿勋和张廷金为副主任。学校在原有电机科外又增设了机械科。

国立交通大学（上海本部）

1928年10月，南京国民政府改组，增设铁道部。学校移归铁道部管辖，将设在上海、唐山、北平三处的交通大学各学院合并，统称铁道部交通大学，分上海本部、北平铁道管理学院和唐山土木工程学院。

这一时期学校发展迅速，特色明显，成绩显著，影响深远，广大校友称之为新中国成立前学校发展历史上的“黄金时期”。

国立交通大学（重庆本部）

日军侵占上海租界后，交通大学总部从上海转移到重庆九龙坡。此时期，交大开展院系建设。重庆商船专科学校并入交大组建造船等新专业，创办电讯研究所。学校规模扩大，教学设施、条例逐步完善。

国立交通大学

1946 年，国民党挑起内战。沪校与渝校会合，教学秩序得以恢复。广大师生投入到反对内战的斗争之中。在通货膨胀、经济困难与白色恐怖之中，学校仍坚持改进教学，并增设电信管理、电信技术两专修科。

交通大学上海部分

1949 年 5 月 24 日，上海解放，从此翻开了交大历史新的一页。学校提出今后长期任务是提高教学质量，开展科学研究；学习苏联要与中国实际相结合；要大胆创造，主要专业课的教材要自己编写。各方面的工作均取得了较大进展。

上海交通大学

2005年在教育部、上海市领导的关怀和支持下，原上海交通大学与原上海第二医科大学强强合并，为学校建设世界一流大学和一流医学学科奠定了坚定的基础。今日之上海交大，学科齐全、名师荟萃、学子数万、成果迭出，正在为全面建设成综合性、研究型、国际化的世界一流大学而努力奋斗。

“饮水思源，爱国荣校”，看百年交大厚积薄发，迈入新篇章。

问题角

交大校园

1. 上海交通大学有哪几个校区？
2. 木兰船建楼在交大的哪个校区？

文化传统

1. 上海交通大学的校训是什么？
2. 中国最早的大学校歌的名字是什么？

学术研究

1. 请列举 3 个上海交通大学在近代发展史上创造的“第一”。
2. 2010 年的国家最高科学技术奖由交大的哪位院士获得？

办学规模

1. 到目前为止，上海交通大学共设有多少个学院（直属系）？
2. 截至 2014 年 1 月，上海交通大学拥有多少个一级学科博士授权点？

文化名人

1. 曾经担任中共中央总书记的上海交通大学校友是谁？
2. 被称为“中国导弹之父”的上海交通大学校友是谁？

学习单

探究园

1. 上海交通大学创办于（1896 年），最早取名为（南洋公学）。

2. 担任过上海交通大学校长一职的名人有哪些？

（盛宣怀）

（唐文治）

（蔡元培）

（张元济）

3. 叶恭绰在担任北洋政府交通总长时，将交通部所属的哪三所高校统一更名为交通大学？

• 交通大学上海学校　　• 交通大学唐山学校　　• 交通大学北京学校

4. 请将下面的大学与校徽一一对应。

上海交通大学　　西南交通大学　　西安交通大学　　北京交通大学

交流台

1. 上海交通大学历经百年变迁，说说你喜欢这所学校的哪些方面。

• 学校历史
• 学术成就
• 知名校友
• 校园文化
• 其他

2. 上海还有很多名牌大学，比较一下这些大学与交通大学的区别。

活动设计

上海交通大学——饮水思源，爱国荣校

活动目标	了解上海交通大学在各个历史时期的发展，体会百年高等学府的变革与文化气息。
活动准备	查看资料，了解上海交通大学的校史与校区设立。
活动内容	**活动一　初探上海交通大学** 1. 介绍上海交通大学的自然风景和校史。 2. 自由分组，选择各自感兴趣的内容开展讨论。 讨论①：上海交通大学由几个校区组成？ 讨论②：上海交通大学历经了哪几个阶段的历史变迁？ 讨论③：上海交通大学在科研方面创造了哪些“第一”？ 讨论④：上海交通大学有哪些知名校友？ 讨论⑤：其他 3. 根据探究问题制作探究方案。 我的任务是收集<u>交大历史图片</u>的资料，成果展示形式是<u>PPT</u>等。 **活动二　参观上海交通大学** 1. 注意参观礼仪，确定参观路线。 2. 重点参观“上海交通大学校史博物馆”。 3. 采访上海交大学子——我眼中的上海交大。 **活动三　饮水思源　爱国荣校** 1. 介绍上海交通大学发展现状和校园文化。 2. 介绍各阶段上海交通大学的发展与历史贡献。 3. 讨论“饮水思源，爱国荣校”这句话的意思。 4. 收集上海交通大学历史照片，举办一个校史图片展。
拓展活动	1. 收集并阅读上海交通大学校史资料，讲一讲校史小故事。 2. 收集一位担任过上海交通大学校长的成长故事。

华东师范大学

在上海的大学校园，流行着一句俗语：“吃在同济，住在交大，玩在复旦，爱在华师大。”这里的华师大，就是华东师范大学。它与复旦大学、上海交通大学、同济大学并称上海“四大名校”。

华东师范大学创建于 1951 年，是新中国创办的第一所师范大学、国家教育部直属的全国重点大学。经过 60 多年的发展，华东师大不仅成为国家“211 工程”和“985 工程”重点建设的综合性大学，而且成为国家“111 计划”和“长三角高校合作联盟”的重要成员。

小贴士

地　　址：上海市普陀区中山北路 3663 号（中山北路校区）

交　　通：地铁 4、13 号线，公交 67、309、909 路等

开放时间：校外团体参观时间为双休日、法定节假日及寒暑假 8：30～11：30、14：00～17：00

爱在华师

从华东师大走出来的学子都骄傲地把自己称为“丽娃学子”。诚然，丽娃河之于师大学子，正如母亲河般可亲！丽娃河，大学的文脉，因为这所学校而灵动，而这个学校也因为这条河，被誉为最美最浪漫的大学。春去秋来，丽娃河和华东师大的故事上演了60多年。

师大校园

华东师范大学校园占地总面积约3105亩，包含中山北路校区和闵行校区。在中山北路校区，U形的丽娃河从苏州河分出，流经整个校园，将校园自然而然地分为两块。走过丽虹桥，便由河东跨入河西。有趣的是，理科建筑群位于河西，河东就是文科的地盘了。2006年学校主体搬迁到闵行校区，形成了“一校两区、联动发展”的办学格局。

师大八景

中山北路校区内有校园八大景观，为大众津津乐道。小桥流水，乱石嶙峋，所有的建筑与周围的绿树花卉都搭配得那么和谐。师大八景包括“古木清晖”“荷塘挹翠”“石径花光”“水榭观虹”“校河远眺”“书海辍英”“夏雨飞烟”“园丁小筑”。诗情画意、风致古蕴，美，尽在不言中！

师大建筑

华东师大的建筑风格鲜明，极富韵味。

东门气派壮观，深奥庄重，造型颇有点凯旋门的风格。

欧式白色三层建筑的文史楼（原名群贤堂），是校内最古老的建筑。它是华东师大文脉之所在，文化气息最为浓烈。

典雅的罗马式建筑风格的小礼堂（原名思群堂），在华东师大学子心中是神圣的艺术殿堂。

丽娃河西畔是师大最富有民族建筑特色的理科三馆，两翼楼护卫着正楼，气势宏大，歇山屋顶清平瓦，显得淡泊老成。新建造的理科大楼双子塔，与河东18层的文科大楼，遥遥相望，形成师大新的景观。

学术科研

华东师范大学的教育学专业实力在国内首屈一指。在自然学科中，地理学和心理学实力亦在国内名列前茅。近些年来，华东师大建有多个学科重点实验室，学科重点研究基地等，在学术科研方面取得了一系列辉煌成果。

学校主办和承办近30种学术期刊，图书馆馆藏印刷本图书资料约462万册。其中《华东师范大学学报》连续多次被国家权威机构确定为“核心期刊”，馆藏文献尤以教育学、地理学、文史哲等学校重点学科领域的文献见长。

学校注重国际合作交流，与多所世界著名大学建立了战略合作伙伴关系。

其中，它与美国纽约大学联合创办的上海纽约大学，是第一所具有独立法人资格的中美合作创办的大学。

师大名人

60余年间，华东师大曾吸引了一大批一流学者执教。20世纪50年代，许杰、徐震堮（è）、施蛰存、徐中玉、钱谷融、程俊英、周子美等大师名流在此讲学育人。

从钱谷融先生引发全国讨论的“文学是人学”命题、王元化先生撰写具有里程碑意义的美学著作，到20世纪80年代中期文学研究方法论大讨论，20世纪90年代人文精神论争等，华东师大中文系都在学术界赢得了巨大声誉，获得了“中国批评家摇篮”的美誉。

新时期以来，华东师大涌现出一大批后起之秀，人才之多，时有“华东师大现象”之说。

华东师大知名校友有生物学家钱卓、当代女作家陈丹燕、知名主持人董卿、奥运冠军刘翔等。

师大文化

华东师大有自己的文化脉络与风骨精神，这深深融入了它的校训、校徽、校歌、校树、校花和60周年庆文化标识中。

华东师大的校训碑，上书“求实创造，为人师表”。八字校训简洁明确的表达了师大精神：实事求是，勇于创新，严格要求，为人师表。

华东师大校徽的五大关键词分别为华、东、水杉、树人、挺拔，每一个标志都对应一个关键词。正中央融入“水杉”形象，寓意“十年树木，百年树人”，这与校训精神遥相呼应。

华东师大建校60年的历史，凝具着几代教育工作者绵长的师道和大爱。

60年来，华东师大已经由建校初期“培养百万高师”为目标的高等师范大学，发展为综合性研究型的高校。然而不管发生什么样的变化，她的人文精神一直在延续，这也是所有华东师大人最为珍视的东西。

我的老师梦

遥想当年华东师大以 “培养百万高师”为建校初衷，今天华东师大培养的教师人才遍布全国各地。他们以老师的身份，在三尺讲台上，挥洒汗水，燃烧青春，培育祖国的花朵。

老师，是人类文化得以传承的功臣，被誉为“人类灵魂的工程师”。在我国几千年的灿烂历史中，老师总是受人尊敬，被人爱戴。

老师的定义

“师者，所以传道授业解惑也。”老师也称教师，狭义上是指在各级各类学校中，以教育培养学生为职责的专业工作者。

古代老师的尊称

中国古代老师的称谓很多，其中尊称，常见的有以下五种：

• 老师：宋元时期对地方小学教师的称谓，沿用至今。

• 师长：清代有“除夕为师长辞岁”的传统，师长是对教师的尊称。

• 西席、西宾：古人席地而坐，以西边为尊。汉明帝将西边的坐席让与启蒙老师，表示对老师的尊敬。

• 山长：五代时，蒋维东隐居在衡岳，以讲学为主，受业者众多，被尊称为“山长”。此后，山中书院中的主讲教师亦被尊称为“山长”。

• 先生：古代称教书者为“先生”“私塾先生”“教书先生”等，这也是对教师的敬称。

老师的节日

目前，每年的9月10日是我国的教师节。为什么将教师节定在9月呢？

因为9月是新学年的开始。从入学起，我们就培养新生尊重老师的优良传统，同时在学校创造出“教师教好、学生学好”的和谐氛围。

在教师节这天，学生纷纷给老师献上鲜花、贺卡，在温馨的校园中庆祝节日，表达对老师的喜爱、感恩和尊重。

我国的名师

一个好老师，也是一个伟大的教育家。从古至今，我国涌现出许多名师，他们的教育理念影响着一代又一代的国人。

我国著名教育家代表，古代有孔子、墨子和朱熹，近代有何子渊、丘逢甲，现代有蔡元培、陶行知、竺可桢，当代有成墨初、孙云晓、卢勤等。

好老师的标准

一个人遇到好老师是人生的幸运，一个学校拥有好老师是学校的光荣，一个民族源源不断涌现出一批又一批好老师则是民族的希望。

在古代，“学高为师，身正为范”，是好老师的衡量标准。老师要先正己身，方可施教于人。

在现代，想要成为一个好老师，习总书记曾提出要从以下四个方面着手：

在理想信念上，“帮助学生筑梦、追梦、圆梦”，好老师心中有国家和民族，能明确意识到肩负的国家使命和社会责任；

在道德情操上，“做以德施教、以德立身的楷模”，好老师是以德施教、以德立身的楷模；

在学识专业上，“给学生一碗水，教师要有一潭水”，好老师还应是智慧型的老师，具备学习、处世、生活、育人的智慧；

在仁爱之心上，“要用爱培育爱、激发爱、传播爱”，好老师用爱、真情、真心和真诚拉近同学生的距离，滋润学生的心田。

开启大学之旅、发现华师之美、感受人文气息，就在华东师范大学。

问题角

建校历史

1. 华东师范大学在哪一年成立？
2. 华东师范大学第一任校长是谁？
3. 为什么成立华东师大？

校园景观

1. “师大八景”分别指哪些景观？
2. 师大有哪些特色建筑？
3. “思群堂”是为纪念谁而建造的？

师大名人

1. 有哪些大师曾在华东师大任教？
2. 华东师大有哪些知名校友？
3. 华东师大中文系曾赢得什么美誉？

师大文化

1. 华东师大的校训是什么？
2. 华东师大的校树和校花分别是什么？
3. 华东师大 60 周年庆的文化标识图有什么含义？

探究园

1. 校徽是一所大学文化的集中体现，华东师大校徽有哪些含义呢？

• 校徽关键词为 华、东、水杉、树人、挺拔 ，标志以“华”“东”两字以及校树“水杉”作为基础造型元素。

• “华”“东”在寓意“华东师范大学”的同时另含深意：“华”——该校前身 大夏大学、光华大学 校名中均有华夏之意，旨在继承；“东”——中国东部 ，世界东方之意。

• “水杉”形象融入，寓意 “十年树木，百年树人” 。

• 标志以 汉字 作造型元素，立意凸显东方属性，寓意弘扬东方文明。

• 标志形态 积极、向上、挺拔、健康、厚重 而有内涵，符合大学属性。

• 深红色，象征 活力、理性、包容、大气 。

2. 华东师范大学建校 60 周年之际，设计的吉祥物为 “师大狮” ，其创意取自校名中 “师”字谐音 ，以及作为“百兽之王”其蕴含的特征元素。

3. 华东师范大学风景秀丽，你还可以欣赏到以下带有人文气息的景观。

（华东师大校训碑）

（华东师大图书馆）

（华东师大紫竹源）

（华东师大文脉廊）

交流台

1. 你知道古今中外有哪些知名的大师和教育家吗？和大家一起分享他们的教育理念。

- 孔子：启发思维，举一反三；因材施教，从实际出发
- 亚里士多德：体、德、智、美和谐发展
- 陶行知：生活即教育；社会即学校；教学做合一
- 其他

2. 古往今来，有很多赞美颂扬老师的诗句，你能写出来吗？

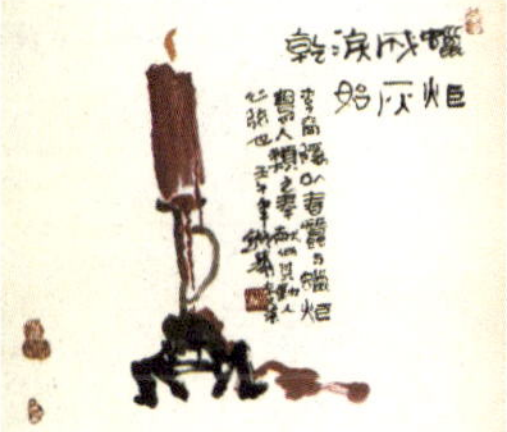

- 随风潜入夜，润物细无声
- 落红不是无情物，化作春泥更护花
- 春蚕到死丝方尽，蜡炬成灰泪始干
- 其他

华东师范大学——我的老师梦

活动目标	了解华东师大建校历史，体会华东师大的校风与学风。
活动准备	查阅相关资料，了解华东师大的校史与文化，了解教师这一职业。
活动内容	**活动一　初探华东师范大学** 1. 介绍华东师范大学建校历史。 2. 自由分组，选择各自感兴趣的内容开展讨论。 讨论①：华东师大的前身是哪些大学？ 讨论②：华东师大校园中丽娃河是怎么形成的？ 讨论③：华东师大校园有哪些知名景观？ 讨论④：华东师大有哪些优势和热门专业？ 讨论⑤：其他 3. 根据探究问题制作探究方案。 我的任务是收集<u>师大知名景观</u>的资料，成果展示形式是<u>PPT</u>等。 **活动二　参观华东师范大学** 1. 意参观礼仪，确定参观路线。推荐线路：东校门→文史楼→小礼堂→文科楼→红楼→丽虹桥→理科三馆→夏雨岛（中山北路校区） 2. 重点参观“文史楼”“丽虹桥”“理科三馆”。 3. 带着相机，随手拍下华东师大的美景，认真阅读景点展板介绍资料。 **活动三　我的老师梦** 1. 介绍教师的职业和好老师的标准。 2. 说说你最敬佩的中国名师的事迹和教育理念。 3. 制作 PPT，内容要求有： • 景观照片　• 景观文字介绍　• 其他
拓展活动	1. 制作一张贺卡，并写上感恩祝福语，送给最敬爱的老师。 2. 观看关于教师的经典影片：如《春风化雨》《放牛班的春天》等。

清华大学

中国有一所高校跟清朝的战争赔款有关，它就是清华大学。

1901 年，清朝与各国签订《辛丑条约》。条约规定，清朝需支付各国巨额的战争赔款，史称“庚子赔款”。而清华大学则是依托美国退还的部分“庚子赔款”建立的。

清华大学，简称清华，位于北京海淀区，因坐落于北京西北郊的皇家园林——清华园而得名。清华大学创建于 1911 年，初称清华学堂，本来是留美预备学校，后来专注于培养本土人才。经过一个多世纪的发展，清华大学逐渐成为中国著名高等学府，并成功跻身世界一流大学行列。

小贴士

地　　址：北京市海淀区清华园

交　　通：地铁 4、13 号线；公交 355、438、9466 路等

开放时间：校外团体参观时间为双休日、法定节假日及寒暑假

8：30 ~ 11：30、14：00 ~ 17：00

厚德载物

一个大学之所以为大学，全在于有没有好教授。孟子说：“所谓故国者，非谓有乔木之谓也，有世臣之谓也。”我现在可以仿照说：“所谓大学者，非谓有大楼之谓也，有大师之谓也。”我们的智识，故有赖于教授的教导指点，就是我们的精神修养，亦全赖有教授的 inspiration（灵感）。

——1931 年梅贻琦就任国立清华大学校长时的《就职演说》

清华风景

清华园原为皇家园林，清朝康熙年间称熙春园，雍正、乾隆、咸丰先后居住于此，咸丰年间熙春园改名为清华园。

校园总占地面积 392.4 公顷（校本部 306.0 公顷），总建筑面积 198.1 万平方米。清华校园内景观众多，其中最为人所知的有水木清华、闻亭、古月堂等。

- 水木清华

它是清华园内最引人入胜的一处胜景，位于工字厅北侧，被称为清华园的“园中之园”。景色设计别具匠心，四时变幻的林山，环拢着一泓秀水，山林之间掩映着两座玲珑典雅的古亭。

荷塘南侧之畔垂杨掩映着的秀雅古建筑为后厦正廊，正额“水木清华”四字，庄美挺秀，有记载说是康熙皇帝的御笔。荷塘西侧可见一瀑布，四季流水不断，远远可闻水声，令人心旷神怡。因其幽雅的环境，它常被清华学子选为读书学习和小憩之地。

- 闻亭钟声

闻亭位于大礼堂西侧的一座土山上，是一座古式六角亭。闻亭原为一座钟亭，建校初就有了，为号令全校作息而设。亭内有大钟一口，径达四尺。钟声清脆，远及海淀。

七七事变后，清华园落入日寇之手，钟亭被毁。抗战胜利后，学校重建钟亭。为了纪念在昆明遇害的闻一多先生，特将钟亭命名为“闻亭”。1986年清华师生在闻一多先生逝世40周年之际，修建了闻一多雕像，使“闻亭”景观益显庄严美观。

• 古月堂

清华园古建庭院之一，建于清朝道光年间，与工字厅西院一巷之隔。小庭院门前的两只白色石狮和最具特色的垂花门至今保存完好。古月堂初建时是园主的专用书房，清华大学建校后成为教师宿舍。院内宁静幽雅，梁启超、朱自清等都曾在此居住。

1928 年，清华初招女生，古月堂被辟为清华女生宿舍。汪健君先生有诗：古月堂前几变更，昔年济济聚群英。一从女禁开黉畬（hóng shē），两度繁花共月明。古月堂目前为学校总务机关与外事部门办公所在地。

• 工字厅

原名工字殿，是清华园的主体建筑。因其前、后两大殿中间以短廊相接，俯视恰似一工字，故得名。工字厅共有房屋 100 余间，总建筑面积约 2750 平方米，院内曲廊缦折，勾连成一座座独立的小套院，形成这组建筑的主要特色。

它曾作为清华大学教师宿舍和外宾休憩处，印度诗人泰戈尔曾在此下榻。有很多名人雅士，在这里歇息，并给自己的住屋起一些雅号，如“三省庐”“四丁香院”“藤影荷声之馆”等，为它增添了深厚文化底蕴。

清华文化

校训：自强不息、厚德载物。1914年，梁启超先生到清华以“君子”为题做演讲，以儒家经典《周易》“乾”“坤”二卦的象辞“天行健、君子以自强不息；地势坤、君子以厚德载物”为中心内容激励清华学子发奋图强。此后，学校即以此八字尊为校训，制定校徽。

校徽：由三个同心圆构成的圆面，外环上下是英文校名，中环左右并列着“自强不息、厚德载物”。校徽的原型来自清华兵操营的军旗，其后又经历多次更改。

校歌：1923年前后，清华大学公开征集校歌，最终采用了汪鸾（luán）翔先生用文言文写成的歌词，并由何林一夫人张慧珍女士谱曲。

清华建筑

校园内各个不同时期的建筑自然形成各具风格的建筑群落，为师生创造了适宜的工作、学习、生活环境。

清华校园按照南门主路（学堂路）分为东区、西区。

西区校园为老校区，以美式的校园布局和众多西洋风格的砖石结构历史建筑为特色，并有中国传统的园林建筑。大礼堂为中心景观，图书馆、科学馆、清华学堂、同方部、西体育馆及理学院等建筑分布其间，原王府庭园工字厅、古月堂、水木清华等古建筑则展示了中国传统的园林风格。

东区则以1950年兴建的苏式主楼为主体，以及建筑馆、明理楼、经管学院、逸夫科技馆等现代风格的建筑物。

科研学术

清华大学图书馆的馆藏总量约有463万册（件），形成了以自然科学和工程技术科学文献为主体，兼有人文、社会科学及管理科学文献等多种类型、多种载体的综合性馆藏体系。

至2013年，清华大学累计获得国家级科学技术奖励471项，省部级科学技术奖励2287项。截至2014年3月，清华大学正在运行的科研机构共322个。

清华还注重学术上的交流合作，与国内外学者沟通交流搭建了平台，如清华论坛、清华大学中国与世界经济论坛、清华大学国际安全论坛、清华大学社会发展论坛等。

清华名人

作为中国的最高学府之一，清华大学一直汇聚着国内外的知名学者，如梁启超、王国维、陈寅恪、赵元任等都曾经在清华大学任教。

大师云集的清华大学培养出了一批又一批优秀的学生，如有 14 位清华人获得两弹一星勋章，8 位清华人获得国家最高科技奖，另有 500 多位院士，2 名国家主席。

清华大学四大导师，从左到右依次为陈寅恪、王国维、赵元任、梁启超

百年历史

清华，本是美国创建的留美预备学校，在民族的风雨飘摇之际创办，一直专注于培养本国人才。历经百年，清华已成为中国的最高学府之一。

清华的创建

清华大学的前身是清华学堂，成立于1911年，当初是由美国退还的部分庚子赔款而建立的留美预备学校。

1909年，游美学务处在北京设立，同时开始筹建附设肄业馆，招考第一批庚款直接留美生。

1911年，游美肄业馆更名清华学堂，并首次开学。

清华学校

1912年，清华学堂更名为清华学校，裁撤游美学务处，以“培植全材，增进国力”为宗旨培养领袖人才。

1914年10月，布置留美预备学校和综合大学。1916年至1920年，建成图书馆、体育馆、科学馆、大礼堂等早期建筑。

1924年5月，曹云祥成为正式校长，在任6年中，清华学术得到空前发展。

1925年春，成立国学研究院，聘请梁启超、王国维等导师。清华大学从派遣留学逐步转为培养本国人才，始创四年制本科教育，分文、理、法三院。

国立清华大学

梅贻琦校长

1928 年，南京国民政府取代北洋政府掌控北京后，任命罗家伦为校长，易名为“国立清华大学”，任职期间，罗家伦对学校组织结构大加整改。

1931 年，梅贻琦为校长，在任 17 年中，对学校建设贡献巨大，确定了清华著名学府地位。

1933 年开始招考留美公费生。

西南联合大学

1937 年，抗日战争爆发后，清华大学南迁长沙，与北京大学、南开大学联合办学，组建国立长沙临时大学。

1938 年临时大学更名为国立西南联合大学，并迁到昆明。

1946 年，清华大学迁回清华园原址复校。

新中国清华

1952 年，全国高校院系调整后，清华大学成为一所多科性工业大学，重点为国家培养工程技术人才，被誉为“红色工程师的摇篮”。

1978 年以来，清华大学进入了一个蓬勃发展的新时期，逐步恢复了理科、经济、管理和文科类学科，成立了研究生院和继续教育学院，并成为国家高等教育“211 工程”“985 工程”首批重点建设的高校之一。

台湾清华大学

1948 年，国民党派遣专机接清华校长梅贻琦前往南京。1955 年，梅贻琦由美国飞往台湾，并着手在台湾筹建清华大学。1956 年，台湾创建了新竹清华大学。建校初期，重点发展原子能科学，现已成为人文社会、理、工、生物科学、管理等学科领域均衡发展的著名高等学府。

台湾清华大学与北京清华大学同根同源，拥有共同的校训、校徽和校歌，办学理念、育人精神以及校风文化也都息息相通。

近年来，两校交流合作频繁而密切。

清华大学从留美预备学校到专注培养本土人才，现已是中国最高学府之一。

问题角

清华校园

1. 清华大学原来是哪一座园林？
2. 清华大学隔壁大学有一座园林，是哪座园林？

清华风景

1. 清华园的“园中之园”是指哪一个景点？
2. 朱自清在《荷塘月色》中描写了清华的哪一个景点？

清华建筑

1. 清华大学西校区是老校区，有哪些代表性的建筑？
2. 镌刻着清华校风“行胜于言”是清华的哪个建筑？

百年历史

1. 什么是庚子赔款？
2. 台湾清华大学与北京清华大学有什么关系？

探究园

1. 每一所学校都有其文化传统，关于清华的文化传统，你知道多少？

清华的校庆日是（每年四月的最后一个星期日）。

清华的校训是（自强不息、厚德载物），是由（梁启超）提出来的，出处是（天行健、君子以自强不息；地势坤、君子以厚德载物）。

清华的校歌是（《西山苍苍》），是由（汪鸾翔）作词。

清华的校风是（行胜于言），来源于1920级毕业纪念物——位于大礼堂前草坪南端的日晷上的铭言。清华的学风是（严谨、勤奋、求实、创新）。

2. 清华为中国培养了大批的优秀人才，其中包括两任国家主席，他们是谁？（胡锦涛、习近平）

3. 毕业于北大的清华校长是（罗家伦）。

（罗家伦）

（1920 年罗家伦等人在纽约合影）

4. 清华大学校园内，王国维先生纪念碑的碑文是（陈寅恪）校长所题，其中的（“独立之精神，自由之思想”），一直为后人所铭记。

王国维先生纪念碑正反面

交流台

1. 参观清华大学，说说你对清华大学的印象，并与伙伴交流。
2. 清华大学里的建筑有哪几种风格，你最喜欢哪一种？为什么？

- 中国古典园林建筑
- 西洋风格的建筑
- 苏式主楼
- 现代化的建筑
- 其他

清华大学——清韵华章

活动目标	了解清华大学的校史，体会清华的校风与学风。
活动准备	查阅相关资料，了解清华大学的校史与文化。
活动内容	**活动一　初探清华大学** 1. 介绍清华大学校史。 2. 自由分组，选择各自感兴趣的内容开展讨论。 讨论①：清华园的“园中之园”是指哪一个景点？ 讨论②：朱自清的《荷塘月色》描写了哪个景点？ 讨论③：清华大学里的西洋建筑有哪些？ 讨论④：镌刻着清华校风“行胜于言”是清华的哪个建筑？ 讨论⑤：其他 3. 根据探究问题制作探究方案。 我的任务是收集<u>清华著名景点</u>的资料，成果展示形式是<u>PPT</u>等。 **活动二　参观清华大学** 1. 重点参观“校史馆”“近春园”“水木清华”“荷塘夜色”等景点。 2. 收集“清华著名景点”的图片资料。 3. 说说对“荷塘夜色”的印象。 4. 采访清华学子——我眼中的清华。 **活动三　百年校史（自强不息 厚德载物）** 1. 介绍清华大学的校史。 ·建校时间　·学校风物　·重大事件　·其它 2. 介绍清华大学的文化传统。 3. 讨论清华的校训，说说你的理解。 4. 制作“清华百年校史”PPT。
拓展活动	1. 了解庚子赔款及美国建立清华学堂的原因。 2. 了解台湾新竹清华大学。

北京大学

你知道中国第一所国立综合性大学是哪所学校吗？对了，就是北京大学。

北京大学，简称北大，创办于 1898 年，初名京师大学堂，是当时中国最高教育行政机关。

北大是中国近代以来唯一以国家最高学府身份创立的学校，最初是国家最高教育行政机关，行使教育部职能，统管全国教育。北大催生了中国最早的现代学制，并开创了中国最早的文科、理科、社科、农科、医科等大学学科，是近代以来中国高等教育的奠基者。自创建之日起，至今一百多年，北大深刻影响和大力推动了中国近现代思想理论、科学技术、文化教育和社会发展的进程。

小贴士

地　　址：北京市海淀区颐和园路 5 号

交　　通：地铁 4 号线；公交 332、696、运通 106 路等

开放时间：校外团体参观时间为双休日、法定节假日及寒暑假

8：30～11：30、14：00～17：00

博学审问

须知人要乐生，以身体健康，为第一要义。须勤于所业，知光阴时日机会只不复更来。须勤思，而加条理。须学问，增知能，知做人分量，不易圆满。事遇群己对待之时，须念己轻群重，更切毋造孽。

——严复（北大首任校长）

北大校园

北京大学校园占地总面积约7000亩，分为燕园校区、医学部校区、昌平校区、大兴校区、无锡校区和深圳研究生院校区6个部分。其中燕园校区是北京大学本部，占地面积1.95平方公里。

燕园风景

北大燕园校园坐落在北大西郊，包括淑春园、勺园、朗润园、镜春园、鸣鹤园、蔚秀园、畅春园、承泽园等，是明清两代著名的皇家园林，北与圆明园毗邻、西与颐和园相望。

北大充分利用了这一难得的历史遗产，营建了风景如画的校园环境，使之既有皇家园林的宏伟气度，又有江南山水的秀丽特色。这里不仅有亭台楼阁等古典建筑，而且山环水抱，湖泊相连，堤岛穿插，风景宜人；校园内古木参天，绿树成荫，四季常青，鸟语花香，园林景色步移景异。美丽的湖光塔影伴随着大师的背影，这正是燕园中最美的图画。著名的“一塔湖图”指的就是未名湖湖畔的景色。

学术科研

北京大学在学术方面的声誉由一连串令人自豪的科学成就赢得。校内共有实验室 150余个，有亚洲高校最大的图书馆——北京大学图书馆。北京大学图书馆始建于 1898年，初名“京师大学堂藏书楼”，是中国近代第一所新型的国立图书馆。馆藏中以 150万册中文古籍为世界瞩目，其中有 20万件 5至 18世纪的珍贵书籍，是中华民族的文化瑰宝。

北大名人

两弹之勋 邓稼生

百余年间，北大一直注重师资力量，屡屡聘请全国知名人士任教，如严复、蔡元培、胡适、李大钊、鲁迅、梁漱溟（shù míng）、郁达夫、沈从文、梁实秋、林语堂等。

百余年间，北大也培养出了一批又一批优秀的学生，在各行各业取得了优异的成果。如文学家茅盾、诗人徐志摩、音乐家冼（xiǎn）星海、中国两弹元勋邓稼先、诺贝尔物理学奖获得者杨振宁、核物理学家钱三强等。

北大文化

1951 年，汤用彤副校长提出把北大校庆日由 12 月 17 日改为 5 月 4 日，并得到学校认可。

北大没有校训，但却有许多激励学生的格言，如“勤奋、严谨、求实、创新”“博学、审问、慎思、明辨”“爱国、进步、民主、科学”“思想自由、兼容并包”等。

北京大学校徽由鲁迅先生于1917 年 8 月设计完成。“北大”两个篆（zhuàn）字的上下排列，其中“北字”构成背对背的两个侧立的人像，而“大字”构成了一个正面站立的人像。校徽突出的理念在于，要“以人为本”；校徽的象征意义在于，北大当肩负开启民智的重大使命。

京师大学堂

北大，创于清末，历经民国，步入新中国，至今已有百年历史。百年的风雨雪霜，使昔日的京师大学堂成长为新中国的最高学府之一。

京师大学堂的创建

1898年，清朝光绪帝推行戊戌变法，正式创办京师大学堂，并任命吏部尚书、协办大学士孙家鼐（nài）为首任管理大学堂事务大臣。戊戌政变之后，京师大学堂得以保留。

清末的京师大学堂，是当时中国最高学府和最高教育行政机关，因此很多学者认为，北京大学是中国历代太学的继承者，是古代最高学府在现代的延续；另一方面，北大又是中国近代正式设立的第一所大学，是中国近现代高等教育划时代的开创者，故有“上承太学正统，下立大学祖庭”之说。

清末北大——京师大学堂

清末的京师大学堂自创建伊始，便处于风雨飘摇之中。戊戌政法失败后，其虽得以保存，但义和团运动与八国联军进北京，却使得大学堂一度遭到破坏，甚至停办。

1904 年，京师大学堂统辖全国教育的职能分离，成为单纯的高等学府；并选派首批 47 名学生出国留学，开中国高等学校派遣留学生之先河。

1910 年，京师大学堂开办分科大学，开办经科、文科、法政科、商科、格致科（理科）、工科、农科共七科，设十三学门，中国近代的第一所综合性大学初具规模。

民国北大——国立北京大学

1912 年 5 月 4 日，京师大学堂更名为北京大学，旋即冠“国立”，是中国历史上第一所冠名为“国立”的大学。

1916 年 12 月，蔡元培出任北京大学校长。1920 年正式招收女学生，开中国公立大学男女同校之先。蔡元培担任北大校长的这十年，被视为北京大学校史上的一段辉煌期，奠定了北大的传统和精神。

卢沟桥事变后，北大与国立清华大学、天津的私立南开大学组成国立长沙临时大学，后又迁往昆明，并于 1938 年更名为国立西南联合大学（简称西南联大）。至 1946 年 5 月，西南联合大学举办结业，联大宣告结束。

1946 年 9 月，胡适任北大校长，延揽名师，萃集一堂。1948 年 11 月，北平解放前夕，部分学者南下台湾。

新中国北大——北京大学

新中国建立之初，北京大学经历了一次院系调整，并迁校址于原燕京大学校址，原来北大、清华、燕大三校的自然科学、社会科学的著名学者云集北大，奠定了北京大学文理两科在中国长期领先的地位。

改革开放之后，北大又进行了一次院系调整。1996 年 10 月、1998 年 5 月，北大成为国家高等教育“211 工程”“985 工程”首批重点建设的高校之一。

学习单

北京大学从创建之初就是中国最高学府之一。

问题角

北大校园

1. 北大有几个校区？
2. “南国燕园”，指的是北大的哪个校区？

燕园风景

1. “一塔湖图”中的塔、湖、图分别指的是什么？
2. 燕园的北边与西边各有一个园林，分别是什么园林？

北大名人

1. 北大校史上的十年辉煌期的校长是谁？
2. 毕业于北大的中国两弹元勋是谁？

京师大学堂

1. 京师大学堂创建于哪一年？
2. 卢沟桥事变后，北京大学为什么会与清华大学、南开大学合并为西南联合大学？

探究园

1. 北京大学选派首批学生出国留学是在（1904 年）。
2. (1)“循思想自由原则、取兼容并包之义”是北大的校长（蔡元培）提出来的；

   (2) 北京大学的校庆日是（5 月 4 日），是由（汤用彤）副校长提出来的；

   (3) 北京大学的校徽是由（鲁迅）于（1917 年）设计的。

3. 北京大学的附近有哪些大学？

- 清华大学
- 北京林业大学
- 中国矿业大学
- 中国地质大学
- 其他

4. 北大本部建于哪一座皇家园林？

（燕园）

5. 京师大学堂的第一任校长孙家鼐是清朝的哪一部尚书？

（吏部尚书）

交流台

1. 参观北京大学，说说你对北京大学的印象，并与伙伴交流。
2. 北大没有校训，但却有许多类似校训的格言。这些格言中，你最喜欢哪一句？
   - 思想自由，兼容并包
   - 博学、审问、慎思、明辨
   - 爱国、民主、科学、进步
   - 勤奋、严谨、求实、创新
   - 其他

活动设计

北京大学——科学与民主

活动目标	了解北京大学的校史与科研历史，欣赏燕园美景，体验北京大学的学风与校风。
活动准备	查看资料，了解北京大学的校史与校区设立。
活动内容	**活动一　初探北京大学** 1. 介绍北京大学的校史。 2. 自由分组，选择各自感兴趣的内容开展讨论。 讨论①：北大的“一塔湖图”是指什么？ 讨论②：北大为什么没有校训？ 讨论③：北大由几个小园林组成？ 讨论④：燕园的北边与西边各有一个园林，分别是什么园林？ 讨论⑤：其他 3. 根据探究问题制作探究方案。 我的任务是收集 京师大学堂 的资料，成果展示形式是 PPT 等。 **活动二　参观北京大学** 1. 重点参观“校史馆”“一塔湖图”“燕园”景点。 2. 收集“京师大学堂”资料。 3. 采访北大学子——我眼中的北大。 **活动三　京师大学堂** 1. 介绍北京大学的传统文化。 2. 介绍戊戌变法失败后京师大学堂得以保留的原因。 3. 交流参观北大的体会。 4. 制作“京师大学堂”PPT。
拓展活动	1. 探秘北大状元成长策略，找找符合自身特点的成长方向。 2. 设计一份北京大学风采录。